NATIONAL GEOGRAPHIC

La Gran Muralla
CHINA

EDICIÓN PATHFINDER

Por David Jeffery

CONTENIDO

La Gran Muralla es probablemente el símbolo más conocido de la rica historia de China. Muchas personas la consideran una de las "maravillas del mundo". Millones de turistas la visitan cada año.

A pesar de su fama, la Gran Muralla está plagada de enigmas. ¿Quién la construyó? ¿Cuándo? ¿Por qué? Las respuestas deberían ser fáciles de descubrir. Después de todo, los funcionarios chinos llevaron registros minuciosos durante siglos. Sin embargo, esas simples preguntas pueden resultar una incógnita.

Incluso el tamaño de la Gran Muralla es incierto. Todos coinciden en que es larga. ¿Pero qué tan larga? Los cálculos van de aproximadamente 1500 a 4000 millas. La muralla tiene una altura aproximada de 25 pies.

Por David Jeffery

La Gran Muralla
CHINA

La Gran Muralla serpentea a través de China como un misterioso dragón de piedra.

ASIA
Gran Muralla
CHINA

Vecinos no muy amigables

Para entender la muralla, debes saber que, en la antigüedad, China enfrentaba un problema serio. Los **nómadas**, o peregrinos, vivían al norte. Les resultaba difícil sobrevivir en las **estepas**, o praderas secas. Por lo tanto, los nómadas hacían incursiones a las granjas y ciudades chinas.

¿De qué manera podía China evitarlo? Había tres opciones. Una era ser duro. China a veces enviaba ejércitos a atacar a los nómadas.

Otra opción era ser amigable. Los chinos y los nómadas comerciaban con productos. Incluso hubo princesas chinas que se casaron con líderes nómadas.

Y, además, estaba la tercera opción, construir murallas para que los nómadas no pudieran pasar.

El primer emperador

Antes del año 221 a.C., China estaba formada por una colección de pequeños reinos. Los reinos peleaban con frecuencia. Por eso, muchos construyeron murallas para protegerse.

Entonces un líder conquistó a los demás. Se llamaba Qin Shi Huang Di (chin yar juang dí).

Una cara amistosa. *Serpenteando como la Gran Muralla por las calles de la ciudad, los "dragones" son las estrellas en los desfiles del Año Nuevo Chino. Los dragones son un símbolo de buena fortuna en la tradición china.*

Se convirtió en el primer **emperador,** o soberano de China.

Qin Shi Huang Di quería unir a toda China. Creó un único sistema monetario. Y forzó a las personas a construir caminos y canales. El agotador trabajo mató a miles de personas.

¿La muralla nueva del emperador?

El nuevo emperador tuvo otra gran idea. Quería que China estuviese a salvo de los nómadas del norte. Cuenta la tradición que decidió construir una "larga muralla" a lo largo de la frontera.

Al menos, esa es la historia. Pero qué sucedió exactamente es un misterio. Los soldados del emperador probablemente construyeron algo. Tal vez crearon fuertes, torres e incluso algunos muros.

Sea lo que fuere que se construyera, la tierra fue el ingrediente principal. Los trabajadores construían altas montañas de tierra. Luego las apisonaban hasta que quedaban duras como piedra. El resultado definitivamente no fue la muralla que vemos en la actualidad.

¿Dónde está la muralla?

Qin Shi Huang Di murió en el año 210 a.C. ¿Qué sucedió con su "larga muralla"? Los libros dicen que los emperadores posteriores la reconstruyeron una y otra vez. Sin embargo, muchas fuentes antiguas, tales como historias, poemas, pinturas, extrañamente no mencionan la muralla.

Pasaron siglo y siglos. Las **dinastías**, o familias que gobernaban, ascendieron y cayeron. Luego llegaron los mongoles. Eran lo que China siempre había temido: invasores del norte. En el año 1200, los ejércitos mongoles atacaron China. ¿Los detuvo alguna muralla? Parece ser que no.

Viejos problemas, muralla nueva

Los mongoles gobernaron China durante casi un siglo. Luego, una **rebelión**, o lucha contra el gobierno, derrocó a los mongoles. En 1368 un nuevo emperador creó la dinastía Ming.

Habían pasado más de 1500 años desde que Qin Shi Huang Di gobernara. Pero defender el norte de China seguía siendo un problema. Los ejércitos Ming no podían derrotar a los invasores en las batallas. Y los emperadores Ming se rehusaban a firmar la paz.

¡Trae la tierra! *Para construir las primeras murallas de China, los trabajadores recolectaban canastos de tierra. Echaban tierra en marcos de madera. Los constructores luego sacaban los marcos, y dejaban una muralla dura como una roca.*

¿Qué quedaba por hacer? ¡Construir una muralla! En un primer momento, los Ming reconstruyeron de la manera antigua. Hicieron montañas de barro y las apisonaron. Pero la lluvia y el viento rápidamente destruyeron las murallas de barro. Por lo tanto, los constructores Ming buscaron otras maneras de construir murallas.

De barro a piedra

Para el año 1500, los constructores de paredes Ming habían comenzado a usar piedra y ladrillos. Era lento, difícil y costoso. Ahora se necesitaban cientos de trabajadores para construir la cantidad que antes construía uno.

A medida que se elevó, la nueva muralla tomó la forma de la Gran Muralla que ahora conocemos. Se construyeron torres a lo largo de ella. Algunas albergaban soldados. Otras servían como torres de señalización a lo largo de la muralla. Cuando los soldados chinos detectaban invasores, corrían hasta la cima de la torre de señalización más cercana. Encendían una fogata. El humo (de día) o las llamas (de noche) advertían a otros sobre el ataque.

¿Una muralla a cambio de nada?

Para pagar por toda esa construcción, los emperadores Ming necesitaban dinero. Así que cobraron más y más impuestos a la gente. Eso llevó a una rebelión en el año 1600.

China también se enfrentaba a nuevos invasores del norte. Esta vez eran los manchúes. ¿Podría la Gran Muralla detenerlos? No.

Las fuerzas manchúes entraron desde el noroeste en el año 1600. Atacaron dando la vuelta a la Gran Muralla. Hay quienes dicen que un general chino, de hecho, abrió algunas puertas para que entraran los invasores. Esperaba que los manchúes ayudaran a sofocar la rebelión.

Lo hicieron. Pero los manchúes también tomaron Pekín y decidieron quedarse. Gobernaron hasta 1912. Luego, hubo otra rebelión más. China nunca volvió a tener un emperador.

Construida para perdurar. *La Gran Muralla está hecha de ladrillos y piedra. Se usaron rocas y tierra como "relleno". Los trabajadores usaron canastos y poleas para transportar los materiales por valles empinados.*

Vieja Muralla, nuevos problemas

Durante décadas después de esto, los chinos consideraron que la Gran Muralla había sido un fracaso. No había servido para detener a los mongoles ni a los manchúes. Las personas incluso se llevaron partes de la muralla para usarlas en edificaciones. Desaparecieron cientos de millas.

Quienes visitaban China pensaban de manera diferente. Amaban la Gran Muralla. Con el correr del tiempo, las personas de China empezaron a estar de acuerdo con ellos. En la actualidad, mucha gente considera que la muralla es un símbolo de la grandeza de China. Están orgullosos de que China pudiera construir algo tan maravilloso.

Pero no alcanza con sentirse orgullosos. La Gran Muralla tiene grandes problemas. El tiempo, el clima y las hordas de turistas han dañado la centenaria estructura.

Para sobrevivir, la Gran Muralla necesita ayuda. Ese es el punto de vista del Fondo Mundial para Monumentos (World Monuments Fund, WMF), que trabaja para salvar sitios históricos. En el año 2002, el Fondo incluyó la muralla en una lista de los cien sitios **en peligro de extinción** de la Tierra.

La Gran Muralla alguna vez intentó defender a China. Ahora China intenta proteger a la Gran Muralla.

Vocabulario

dinastía: línea de emperadores o reyes

emperador: soberano

en peligro de extinción: en peligro de desaparecer

estepa: pradera seca

nómada: alguien que se desplaza de un lugar a otro, sin un hogar fijo

rebelión: cuando las personas luchan contra su gobierno

Emperador Qin Shi Huang Di

Una larga historia

La historia de China tiene muchos giros y vueltas. Para descubrir algunos de ellos, usa el dedo para trazar una ruta hasta la LLEGADA.

INICIO

551 a.C.
Nace Confucio. Este gran pensador influyó en China durante siglos.

221 a.C.
Qin Shi Huang Di une los pequeños reinos en una sola China. Se convierte en el primer emperador.

d.C. 1206
Genghis Khan une a los mongoles. Estos invasores controlan toda China hacia el año 1279.

d.C. 690
Wu Zhao se convierte en la única emperadora de China.

d.C. 1291
Marco Polo, un famosos viajero, se va de China después de una visita de 17 años. Sus historias luego maravillarán a los europeos.

d.C. 1644
Los ejércitos manchúes conquistan Pekín y establecen la dinastía Qing.

d.C. 1912
El último emperador de China, Pu Yi, entrega el trono.

LLEGADA

d.C. 1949
Los comunistas crean la República Popular China.

d.C. 2001
El Comité Olímpico Internacional elige a Pekín para las Olimpíadas de verano de 2008.

RUSIA

KAZAKHISTÁN

Montañas Altay

UZBEKISTÁN

KIRGUISTÁN

Montaña Tian

TAJIKISTÁN

AFGANISTÁN

Desierto de
Taklamakán

Montañas Altún

nlun Mountains

CHINA

Planicie
de Tibet

Himalaya

NEPAL

BUTÁN

INDIA

BANGLADESH

MYANMAR

Bahía de
Bengal

LA

TAILANDIA

Durante siglos, el mayor temor de China fueron las invasiones desde el norte. Por lo tanto, los emperadores ordenaron que los trabajadores construyeran grandes murallas.

Las primeras paredes eran de tierra bien apisonada. Con el paso del tiempo, se desgastaron. Los gobernantes de la dinastía Ming (1368-1644) construyeron una muralla de piedra.

Partes de la muralla Ming siguen en pie hoy en día. La llamamos la Gran Muralla China. Se ve en rojo en el mapa.

85°E

95°E

ado al Norte

N
W · E
S

MONGOLIA

Greater Khingan Range

Manchurian Plain

Planicie
de Mongolia

Desierto de Gobi

Great Wall

Mu Us
Desert

⊛ BEIJING

Huang He (Yellow River)

Montañas Qin

Chang Jiang

(Yangtze River)

COREA
DEL NORTE

Mar de
Corea

JAPÓN

COREA
DEL SUR

Mar
Amarillo

OCÉANO
PACÍFICO

Mar del
Este de
China

TRÓPICO DE CANCER

TAIWAN

ETNAM

Mar del
Sur de China

Hainan

FILIPINAS

45°N

35°N

25°N

15°N

105°E

115°E

125°E

0   400 millas

400 kilómetros
Lambert Azimuthal Equal-Area Projection

National Geographic Maps

9

Un ejército
de pie

De guardia. *ARRIBA: Este ejército de terracota protege la tumba de un antiguo emperador chino. DERECHA: Hace aproximadamente 2000 años, cada soldado estaba pintado en colores brillantes. Los científicos usan computadoras para mostrar el posible aspecto de los soldados hace mucho tiempo.*

Qin Shi Huang Di solo tenía 13 años cuando se convirtió en emperador de China. Poco después de asumir el poder, el joven emperador comenzó a construir su tumba. Ordenó que 700.000 personas trabajaran en ella.

En 1974, los científicos realizaron un descubrimiento sorprendente en la tumba. Desenterraron un ejército de terracota. En un área del tamaño de dos campos de fútbol americano, encontraron 7000 soldados. Día y noche, el ejército de terracota había cuidado al antiguo soberano. Cada soldado de terracota, a escala real, está hecho a mano. Cada uno tiene un rostro diferente. Probablemente se inspiraron en soldados reales.

Desde entonces, se han descubierto soldados de terracota en otras áreas de la tumba del emperador. Un área albergaba a 86 soldados. Los soldados de esta área conducían carruajes tirados por caballos. Hasta los caballos son de terracota.

Armados y listos

Todo el ejército de terracota mira hacia el Este. Muchas de las áreas que el emperador había conquistado estaban al Este. Temía que sus enemigos atacaran desde esa dirección.

El ejército de terracota, sin embargo, está preparado para enfrentar un ataque desde cualquier dirección. En lugar de mirar hacia adelante, algunos de los soldados de terracota miran hacia la derecha o hacia la izquierda. Están preparados para un ataque desde cualquier dirección.

Lo más sorprendente de todo es que el ejército de terracota está ubicado en las mismas posiciones en que lo habría estado un ejército real. Por lo tanto, mediante el estudio de los soldados, los científicos pueden aprender más acerca de las batallas reales en la antigua China.

¿Pero qué estaba protegiendo este increíble ejército de terracota? Nadie lo sabe con certeza. Verás, la tumba del emperador aún no se ha desenterrado. Su contenido sigue siendo un misterio.

Gran Muralla

Responde estas preguntas para
descubrir lo que has aprendido.

1 ¿Por qué construyeron los chinos
la Gran Muralla?

2 ¿Por qué con frecuencia se hace
referencia a la Gran Muralla como
una serie de murallas?

3 ¿De qué manera cambiaron los
mongoles la historia china?

4 ¿Por qué la Gran Muralla fue un
éxito? ¿En qué sentido es un
fracaso?

5 ¿Qué pueden aprender las personas
de la tumba de Qin Shi Huang Di?